Le Triathlon en BD

Tome 2 : Quand tu progresses

6

de Valtrés

ISBN-13 : 9798515079109

Dépôt légal : aout 2021
Valtres.triathlon@gmail.com

Salut !

Voici notre héros, Max Véhode !
Il est de retour pour une
nouvelle saison !

Son objectif ?
Terminer son premier
triathlon M !

Et si j'ouvrais une page facebook sur ma préparation ?

Euh...non...
mauvaise idée !

Quand l'aventure continue

Au contraire, je crois qu'il est encore plus motivé !
Alors, ça t'a passé l'envie de faire d'autres triathlons ?!

Et si je me faisais faire un tatouage pour avoir terminé mon premier triathlon S ???
Noonnnn !!!!!!
Noonnnn !!!!!!
Enfin, je verrai bien un petit ange dans le dos...
Pour une fois qu'on est d'accord...

Quand tu t'occupes des vacances

Au fait, je vais réserver un hôtel pour le dernier week end de septembre, pour partir à la mer !
Pas la peine, je m'en suis occupé...
Génial !
On part où ?
Tu verras... C'est une surprise !
J'ai hâte !!!
Moi aussi ...
Validation inscription
Triathlon des côteaux Vendômois
25 et 26 septembre 2021

Quand tu te vois déjà gagner les JO

Alors, si je fais 35' en natation, 1h50 en vélo et 55' en course à pied, je vais terminer en 3h20...
Ah merde, j'ai oublié les transitions !
Natation : 35'
T1 : 5'
Vélo : 1'50
T2 : 5'
Course : 55'
TOTAL : 3h20
Mais je peux gagner du temps sur les transitions. Au moins 5 minutes.
Et si je m'entraine bien et avec une nouvelle combi, je pense que je peux me rapprocher des 30' en natation...
Et en travaillant bien les enchainements, j'arriverai a courir plus vite !

30 minutes plus tard...

Bon, si je résume : je devrais être capable de finir la course sous les 2h et gagner la course !
Il faut que je regarde ce qu'il y a à gagner...
Et en 2024, je participe aux JO de Paris !

Quand tu veux t'acheter une montre

Alors, pour progresser il va me falloir du matériel adapté...
Je vais commencer par une nouvelle montre !
20 minutes plus tard...
Alors, celle ci, elle fait la fréquence cardiaque...
...elle fait lecteur de musique...
...elle remplace ma carte bleue...
...elle propose des plans d'entrainement...
...elle se recharge au soleil...
...elle calcule ma VO_2max...
...elle calcule mon taux d'oxygène dans le sang...
...elle passe des appels en cas d'urgence...
...elle calcule mon taux de gamma GT...
...elle analyse mes urines tous les trois jours...
...elle fait le ménage...
...elle prépare le café...
...et elle trouve des excuses quand tu es en retard au boulot !
Houa, avec tout ça, je suis certain de courir plus vite !

Quand tu as reçu ta montre

Chéri ! Tu as reçu un colis !
C'est quoi ?
C'est un bijou de technologie !
Tu vas voir !
Bon... Ce n'est pas aussi simple que ce que j'imaginais...
Tu m'appelles quand tu auras trouvé comment fonctionne ton bijou de technologie..
3h plus tard...
Ah ! Viens voir !
J'ai trouvé comment lancer le chrono !
00:02
Elle est vraiment géniale cette montre !
Je pensais qu'en 3h tu avais fait le tour de ta montre...
Mais bon, le chrono, c'est déjà ça...

Quand tu n'écoutes plus que ta montre

Tu ne vas pas t'entrainer aujourd'hui ?
J'avais prévu d'aller courir mais ma montre m'indique une trop grande fatigue et me dit de me reposer encore 12h avant le prochain entrainement !
Tu veux dire qu'elle te conseille d'aller t'entrainer à 3h du matin....
...Y'a pas à dire, c'est beau la technologie !

Quand tu ne peux pas nager sans ton matériel

Ah ! Je crois qu'on a un nageur là !
Ah non...
Plaquettes, pull... sans échauffement ???
Encore un triathlète...
Tu leur enlèves leur pull et ils coulent !

Quand tu veux avoir une ligne d'eau pour toi tout seul

Mais poussez vous !
Allez barboter ailleurs ! Moi, j'ai un triathlon à préparer !
Encore lui ???
Bon, de toute façon, dans 50m, il est cuit et il va s'arrêter pendant 10 minutes... Comme d'habitude !

Quand tu veux faire la course à la piscine

Hey, ça fait plusieurs fois que je te vois nager ici ! ça te dit qu'on se fasse une course sur 400m ?
oui, pourquoi pas !
Je vais prendre mes plaquettes et mon pull buoy et on peut commencer !
Non, on fait ça sans matériel !
Sans matériel ???
Mais je ne sais pas nager sans matériel !

Quand tu comprends le principe de l'entrainement

Au début, je pensais qu'en m'entrainant plus, je souffrirai moins...
Aujourd'hui, je me rends compte que je vais plus vite, mais je souffre toujours autant !
Au moins, tu souffres moins longtemps...
Je suis d'accord avec toi, tu souffrirais moins à boire une bière !

Quand tu découvres Strava

Houa ! cette appli a l'air géniale !
En plus, il y a des records à faire tout prêt de chez moi !
Segment 8
Distance : 1.2km
Moyenne : 0.3%
Je vais aller en battre un ou deux !
Allez, il y a un segment là !
Pff
1h plus tard... De retour chez lui
Alors, ça donne quoi ?
Si je ne suis pas premier, je dois au moins être sur le podium !
Hein ? Ce n'est pas possible !
Il doit y avoir un problème sur cette appli !
Segment 8
Classement :
1246e/1312

Quand tu roules pour la découverte des paysages

...Le plaisir de faire du vélo, c'est aussi d'être à l'extérieur, de profiter de l'air pur, de se sentir libre au milieu de grands espaces.
Un vrai sentiment de liberté !
Quelques jours plus tard....
C'est quoi ça ???
C'est un home trainer, pour faire du vélo à l'intérieur.
On est loin des grands espaces et du sentiment de liberté !!!

Quand tu testes ton home trainer

Je vais pouvoir tester mon nouveau jouet !
C'est génial ! J'ai les mêmes sensations que sur la route !
Je vais pouvoir en faire des heures !
20 minutes plus tard...
Pff
Pff
Pff

Quand tu crèves pour la première fois

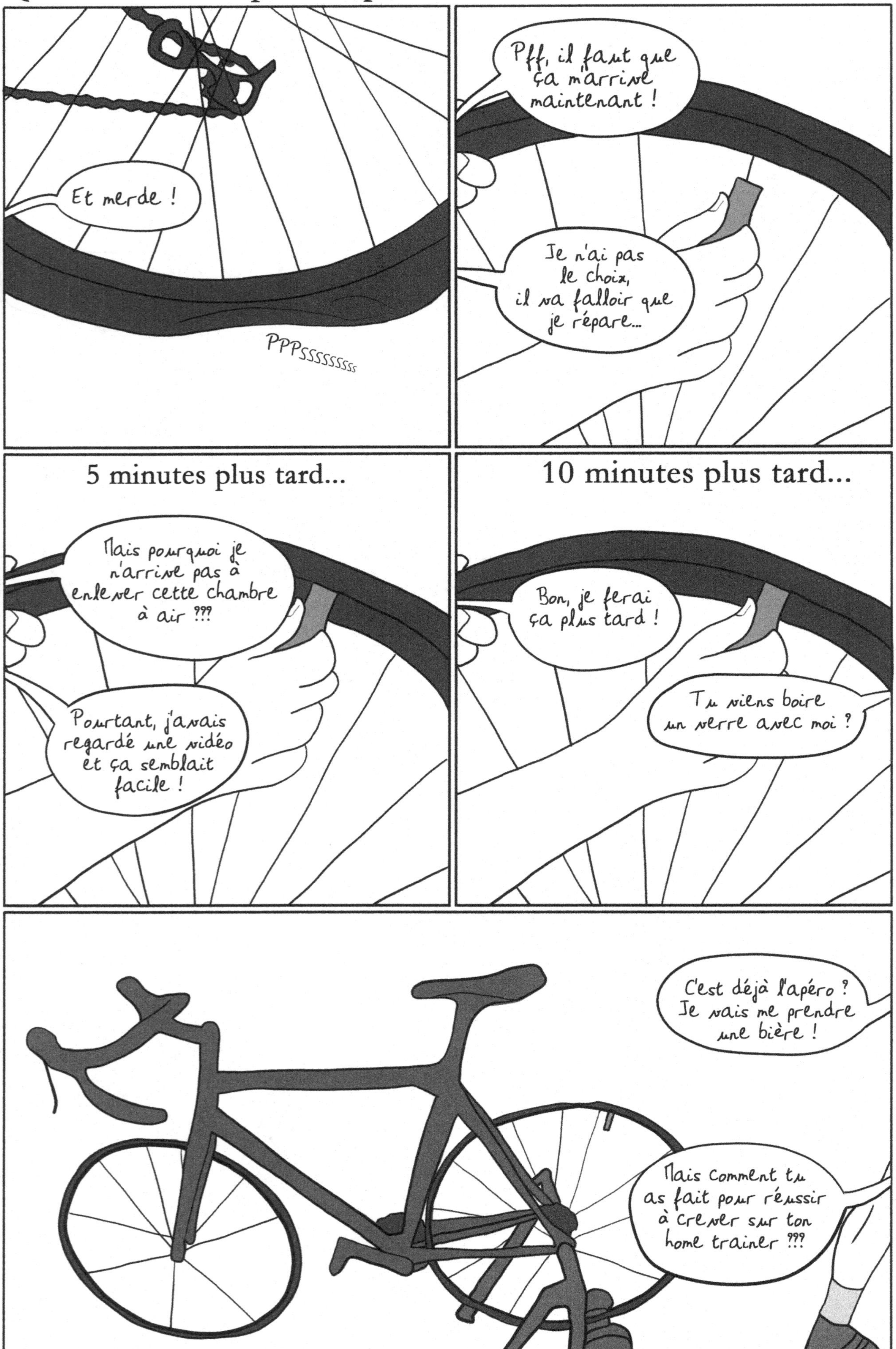
Et merde !
PPPssssssssss
Pff, il faut que ça m'arrive maintenant !
Je n'ai pas le choix, il va falloir que je répare...
5 minutes plus tard...
Mais pourquoi je n'arrive pas à enlever cette chambre à air ???
Pourtant, j'avais regardé une vidéo et ça semblait facile !
10 minutes plus tard...
Bon, je ferai ça plus tard !
Tu viens boire un verre avec moi ?
C'est déjà l'apéro ? Je vais me prendre une bière !
Mais comment tu as fait pour réussir à crever sur ton home trainer ???

Quand tu roules dans le garage

????
Chéri ???
Oui ?
On nous a volé la ...
... télé !...
Pff
Attends, je finis et je la remets dans le salon.
Pff
25km/h
42'

Quand tu te rends utile

??
!!
Maman, je ne peux plus jouer à la console !
??
??
Qu'est ce qu'il se passe ?
Oui, j'ai vu qu'il n'y avait plus de lumière dans le quartier...
vvvRR
Nous, non. On a encore de la lumière !
J'ai trouvé un truc pour avoir de l'électricité !
vvvRRRR
Au moins, il se rend utile avec son vélo !
Pff
Pff
vvvRRR

Quand tu veux optimiser tes heures d'entrainement

Si je m'entraine 10h par semaine pendant 12 semaines pour finir un triathlon M en 2h15...
Est ce que ce ne serait pas moins fatigant et plus rentable de m'entrainer 5h par semaine pour finir en 3h15 ???

Quand ça devient une drogue

Mon mari est devenu un vrai geek...
Je ne le vois plus !
Il ne veut plus sortir
Il reste toute la journée devant son écran...
Ma pauvre, tu devrais essayer de le mettre au sport, ça lui ferait du bien !
Le mien fait du vélo, il est épanoui !
Moi aussi, il fait du vélo, c'est bien ça le problème !!!
Et ça fait une semaine qu'il n'est pas sorti du garage !
Pff
Pff

Quand tu vas nager à la mer

Je vais nager pour préparer mon triathlon !
Mais arrête de hurler, je sais bien que tu vas nager !
Tu ne risques pas d'avoir trop chaud ? Il fait 40° là...
Mais non, c'est ça une prépa triathlon
Allez, c'est parti pour 1h !
Mais pourquoi il hurle comme ça ???
5 minutes plus tard...
Pff
Pfff
Bah, il revient déjà ???
Pfff, c'est un sauna là dedans ! J'ai trop chaud !
C'est ce que je te disais...
Mais enlève ta combi, tu sera mieux...
Mais sans combi, ni pull-buoy ce n'est pas possible !

Quand tu vas nager à la mer 2

Papa, qu'est-ce qu'il fait le monsieur ?
Je ne sais pas, mais il parle fort !
Papa, c'est parce qu'il a froid qu'il s'habille comme ça ?
Non, mon chéri, il fait 40 degrés...
Alors pourquoi il ne nage pas en maillot de bains ?
C'est parce qu'il ne sait pas nager sans combinaison... sinon, il coule !
Même moi, je sais nager papa !

Où est Max ?
Trouvez Max
parmi cette foule
de touriste

Quand tu roules seul

Ah, il y a un autre cycliste là-bas !
Salut !
C'est bon, je l'ai largué !
Pff
Pff
Pff
Je n'en peux plus !
Quelques minutes plus tard...
Pff
Pff
C'est bon, je me sens mieux...
Pff
Pff
Pff
Pff
Pff
Si je ne m'accroche pas, c'est qu'aujourd'hui, c'est une sortie de récupération !
Sinon, j'aurais même pu attaquer !

Est ce que si je fais un entrainement sans ma montre GPS et sans pouvoir la partager sur Strava...
...finalement, c'est comme si je ne m'étais pas entrainé ???
Il est sérieux là ???
Malheureusement, je crois que oui...

Quand tu te blesses

Aff
?!
Aff
Quelques minutes plus tard...
C'est fini... C'est fini !
Laisse moi seul, ma vie est foutue !
Qu'est ce qu'il y a mon chéri ?
Dis moi ce qu'il se passe !
J'ai mal au genou !
?!
?!

Quand tu demandes à des spécialistes

Tu penses que la glace va suffire ?
Je ne sais pas…
COLD
Tu devrais prendre rendez-vous chez un médecin…
COLD
Je vais demander un diagnostique à des spécialistes !
Oui, tu as raison de demander à un médecin du spo…
COLD
… Mais qu'est ce que tu fais ???
Je vais demander sur facebook !

Quant tu reprends l'entrainement

Tu pars courir ?
Oui, mon genou va mieux...
Vas-y tranquille !
Pff
Pff
Plus tard...de retour chez lui.
Tu as mal ?
Oui !
Je ne comprends pas. Pourtant, je ne suis parti que 3h pour reprendre en douceur !
Mais quel boulet...

Quand tu crèves pour la deuxième fois

Et merde !
pPPPSSSSS
Allez, dans quelques minutes, je suis reparti !
Plusieurs heures plus tard...
Pourtant, j'avais réussi sur le home trainer !
En plus, je ne vois plus rien...
Allez, ma chérie... réponds, s'il te plait !
Vous êtes bien sur le répondeur du ...
Et merde !
Arrgh, plus de batterie !
Je n'ai plus qu'à faire du stop...
Plus jamais je fais du vélo dehors ! Je vais devenir un cycliste uniquement sur home trainer !

Quand tu partages tes entrainements

Pff
Pff
Bip Bip
Pff
Pff
Bip Bip
Déjà ??? Et merde !
Pff
Pff
Pff
Je crois que je vais mourir !
Plus jamais une séance comme ça !
Pff
Pff
Bip Bip
De retour chez lui...
Créer une publication
Séance cool, sans forcer pour profiter du paysage !
Retrouvez ma séance sur STRAVA
Amis
Publier

Quand tu expliques pourquoi tu te rases

Mouais, je reste sceptique...
C'est quoi l'intérêt de se raser les jambes ?
Des études ont montré qu'à 40km/h, on gagne quelques secondes sur 40km de vélo sans faire plus d'effort !
Mais tu roules à 40km/h, toi ???
Euh... En descente, oui...

Quand tu te mets à la boxe

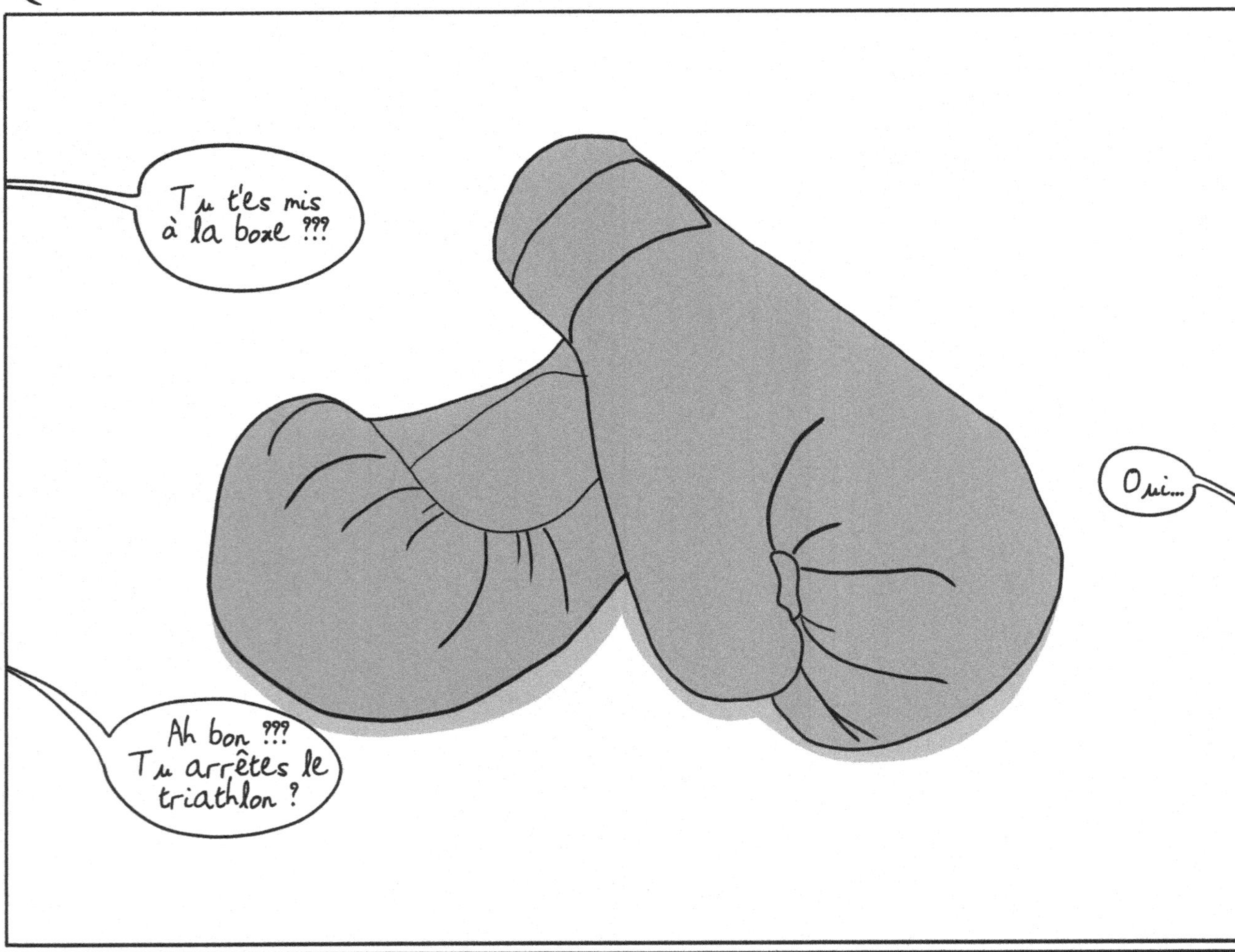
Tu t'es mis à la boxe ???
Oui...
Ah bon ??? Tu arrêtes le triathlon ?

?!
?!
Non, c'est en complément... C'est pour préparer les départs de triathlon !

Quand tu t'entraines pour les transitions

Prêt ?
Oui
TOP !!!
SPLASH
Pff
Pff
Pff
Pff
STOP !
2 minutes 35
Tu as gagné 15 secondes !

Quand tu pars en week-end surprise

Tu as pris une grosse valise juste pour un week end !
Tu n'as pas voulu me dire où on partait ! J'ai donc pris un peu de tout !
Pourquoi tu emmènes ton vélo ???
Tu me fais peur, là !
3h plus tard...
Tu vas voir le camping que j'ai réservé pour ce soir, il a l'air top !
Je ne te cache pas que je m'attendais à autre chose ...
Je savais que j'allais me faire avoir !

Quand tu fais la queue

Merde...
Il faut que je trouve des toilettes !
Apparemment, je ne suis pas le seul à avoir eu cette idée !
C'est quoi cette tente ???
Qu'est ce que vous faites là ??
Je suis là depuis deux jours pour avoir une place aux toilettes avant le départ.
Mais je crois que j'aurais mieux fait d'arriver il y a une semaine...

Quand tu écoutes le briefing

Nous allons commencer le briefing !
En natation, vous suivez les bouées en les laissant toujours à votre main...
10 minutes plus tard...
Merci pour votre attention !
Et bonne course !
J'ai rien compris...
C'est quoi le parcours en natation ?
Il faut prendre les bouées à gauche ou à droite ?
Je ne sais pas. On ne comprend jamais rien au briefing !
Il aurait peut être fallu écouter...

Quand, finalement, tu n'as rien écouté au briefing

Merde, comment je lance le mode triathlon sur cette montre !?!
Je vois la berge, c'est bientôt fini !
Mais, qu'est ce qu'ils font ?
Pourquoi ils repartent ???
Allez ! Maintenant, la transition !
Monsieur ! C'est une sortie à l'australienne ! Vous devez repartir dans l'eau, ce n'est pas fini !
Hein ??? Merde, j'aurais dû écouter le briefing !

Quand tu as l'impression d'avoir oublié quelque chose

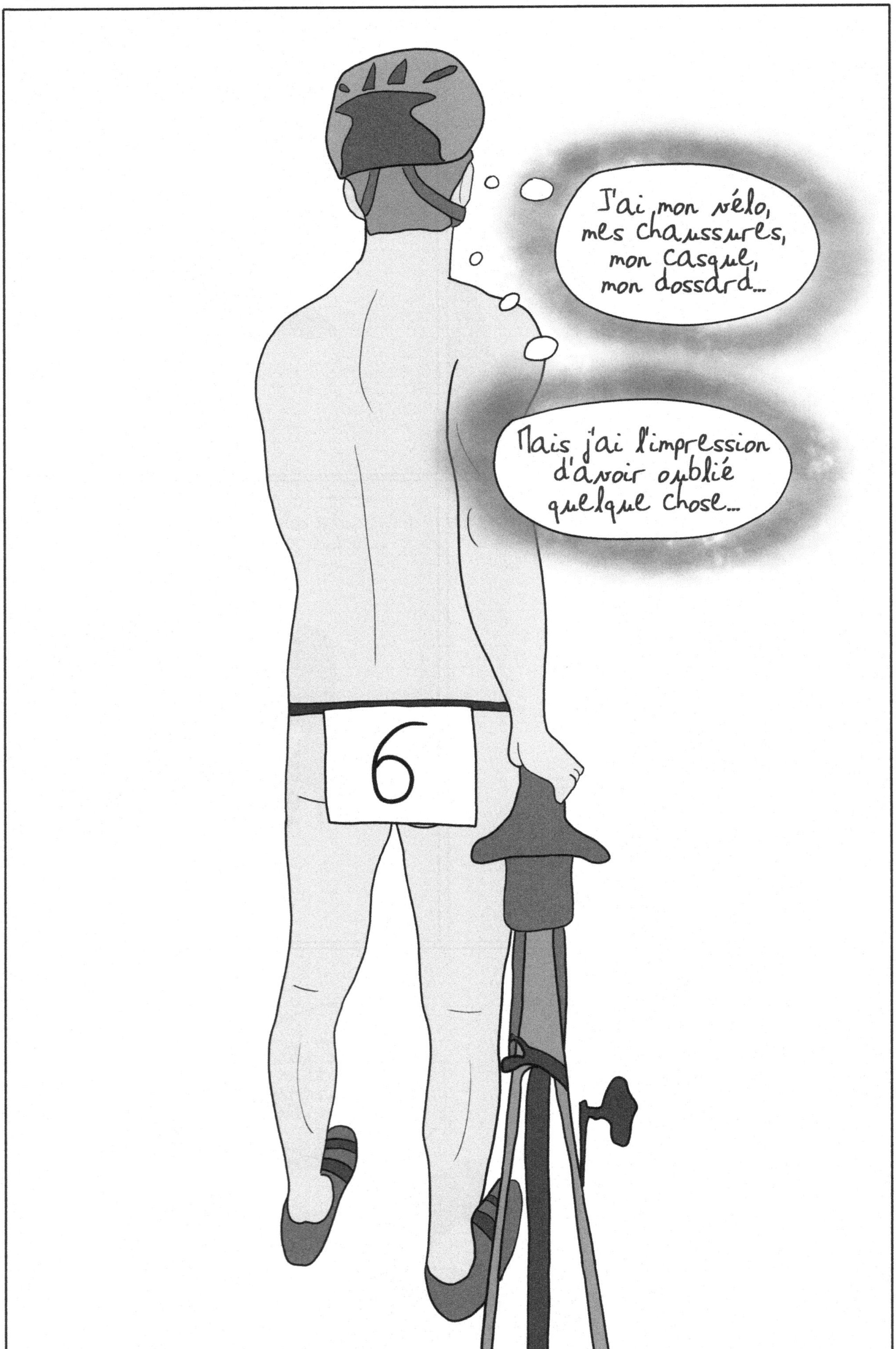
J'ai mon vélo, mes chaussures, mon casque, mon dossard...
Mais j'ai l'impression d'avoir oublié quelque chose...
6

Quand tu découvres la définition du mot chlorophylle

Ils avaient dit que c'était un parcours 100% chlorophylle...
Pff
Pff
Et bien chez moi, la chlorophylle, ça me brule les poumons et les cuisses !!!
6
J'ai l'impression que si je ralentis encore, je recule...

Quand tu penses que le parcours est roulant

Super ce parcours sur chemin en pleine campagne !
6
En plus, le parcours est roulant, c'est parfait !
Je vais pouvoir faire un bon chrono à pied !
10 minutes plus tard...
Pff
Pff
Hein ??? Mais c'est quoi cette côte ???
6
La prochaine fois, je prendrai des bâtons de trail !

Quand tu es Finisher

Monsieur ?
Monsieur !?! Vous pouvez libérer la ligne d'arrivée s'il vous plait ?!
6

Quand tu reviens au travail

Salut la compagnie !!!
?
?
C'est quoi cette tenue ???
TRIATHLON FINISHER 2020
Tu es au courant que la chemise est obligatoire ?!

Quand tu penses déjà à ta prochaine course

C'est bon cette fois ! Il va arrêter maintenant avec ses triathlons !
Je ne crois pas...
Pourquoi ? ça ne lui a pas suffi ???
Je l'ai vu regarder un plan d'entrainement pour un triathlon L ...
Et merde...

Quand tu découvres les autres livres

Ils sont vraiment sympas ces livres !
BD Triathlon Tome 1
Un triathlon... mais à quel prix ?
Le Code du Triathlon
MANUEL DU PARFAIT PETIT TRIATHLÈTE
le CODE du TRIATHLON
140 CONSEILS POUR NE PAS FINIR UN TRIATHLON
Manuel du parfait petit triathlète
140 conseils pour ne pas finir un triathlon
Un Triathlon dont Vous êtes le Héros
Un Triathlon dont Vous êtes le Héros
Un Triathlon dont Vous êtes le Héros
Disponibles sur www.ValtresTriathlon.com

Groupe CCEE
Les Tuileries
49 rue Jeu de ballon
13 400 Aubagne
https://autres-talents.fr

Achevé d'imprimer en septembre 2021

ISBN : 979-85-150-7910-9

Dépôt légal : Septembre 2021

Imprimé en U.E.